Ceviches, sopas y pescados

Recetas de cocina

Colección Librería

Libros de todo para todos

Ceviches, sopas y pescados

Ana María Sánchez

editores mexicanos unidos, s. a.

Luis González Obregón 5-B, Col. Centro,
Cuauhtémoc, 06020, D. F.
Tels. 55 21 88 70 al 74
Fax: 55 12 85 16
editmusa@mail.internet.com.mx
www.editmusa.com.mx

Coordinación editorial: Adriana Chávez Castro
Diseño de portada: Víctor G. Zarco Brito
Formación: Roberto Doroteo Santiago

Miembro de la Cámara Nacional
de la Industria Editorial. Reg. Núm. 115.

Primera edición: enero de 2006

ISBN 968-15-2045-9

Impreso en México
Printed in Mexico

Introducción

México es un país rico en muchos sentidos. Su riqueza no sólo estriba en la abundancia de sus minerales, también su flora y fauna son magníficas. Cuenta con numerosas tradiciones y la proverbial bondad y hospitalidad de su gente. Sus bosques, aunque ahora mermados, siguen siendo abundantes; en sus selvas exuberantes, espléndidas, aún crecen maderas preciosas; en ellas habitan aves de plumaje de hermoso colorido y numerosas especies de animales salvajes.

Nuestro país tiene diez mil kilómetros de costas, las cuales representan una de sus joyas más preciadas, ya que incluyen playas de reconocida fama y belleza en el mundo; son pródigas y ricas, contienen y dan cobijo a un amplio abanico de variedades marinas, algunas de las cuales sirven para el consumo humano. Éstas también forman parte de la importante tradición culinaria mexicana, cuya fama ha llegado a todo el mundo y se ha adaptado al gusto de los paladares más exigentes.

Los mares mexicanos brindan una gran gama de opciones de especies de peces, entre los que se encuentran, por ejemplo: el huachinango, el robalo, el atún, la sardina, la sierra, la trucha, el lenguado, el bonito, el cazón, el mero, el pargo y la lisa, entre otros; además, suelen tener precios bastante accesibles. Pueden prepararse de diferentes maneras: desde freír o asar hasta rellenar, marinar, ahumar o combinar con salsas preparadas en deliciosos guisados. De otros países nos llegan el bacalao y el salmón, que también son muy apreciados por los mexicanos. El pescado tiene un alto contenido de proteínas, vitaminas, sales minerales y baja cantidad de grasas, cualidad ésta que últimamente ha sido más considerada por nutriólogos y especialistas de la alimentación.

Recomendaciones

Recomendaciones para comprar pescado

Cuando vaya a comprar pescado siga estas normas para reconocer su frescura.

1. Es preferible comprar el pescado entero, ya que la cabeza, las agallas, las escamas y los huesos, por ejemplo, son elementos mediante los cuales se puede apreciar su frescura y buen estado.

2. Es recomendable consumir los productos de temporada para lograr la máxima economía en el gasto familiar.

3. Compre el pescado el mismo día que lo va a consumir para que no pierda su frescura, su sabor ni su valor alimenticio. La carne debe ser firme y elástica.

4. El color de la carne debe ser claro, como de agua fresca. Las agallas deberán tener un color rosado, brillante o rojo y sin olor. Los ojos tienen que ser claros y prominentes, no vidriosos; la piel debe ser brillante y las escamas firmes.

Recomendaciones para descongelar

1. Si ha congelado el pescado previamente, páselo al refrigerador en la noche y déjelo ahí hasta que pueda separarlo con facilidad de su envoltura; o si está cortado en piezas, hasta que se separen sin violencia. Continúe el proceso de descongelación fuera del refrigerador hasta que alcance la temperatura ambiente.

2. Nunca utilice agua fría o caliente para descongelar, la razón es que el cambio brusco de temperatura modifica la textura y sabor de la carne.

3. Es muy importante que una vez que usted haya descongelado el pescado no vuelva a congelarlo, pues este proceso afectará seriamente la carne y tenderá a pudrirse más rápido.

4. Si no desea que la cocina y los recipientes en los que cocina el pescado queden olorosos, utilice jugo de limón para lavarlos. Esto evitará el aroma penetrante del pescado que, dicho sea de paso, si es fresco no será muy fuerte.

5. Si usted desea congelar el pescado una vez que lo ha comprado, es necesario envolverlo en papel, meterlo en una bolsa de plástico y sellarla perfectamente para evitar que entre el aire y se reduzca la humedad del mismo.

EL CEVICHE

En México, el ceviche, es un plato más del vasto abanico de la cocina mexicana, al que no le faltan adeptos. Forma parte de nuestra tradición culinaria de alimentos del mar, por lo cual no escasea en los restaurantes de mariscos. Por lo general, se come en copas alargadas, con abundante jugo de limón y sazonado con cilantro, jitomate y chiles verdes picados. Al igual que en otros países de Latinoamérica, se acompaña con galletas saladas y es considerado como un entremés o una entrada, no como plato principal. Puede servirse o acompañarse con uno o más mariscos, o servirse únicamente con pescado. Aunque es un platillo confeccionado a base del mismo, hay quienes lo preparan con pollo y hasta los vegetarianos tienen su versión con jícama, papa, zanahoria rallada, soya o con hongos.

En algunos países de Sudamérica, como Perú y Ecuador, el ceviche no es un platillo más, sino un plato fuerte típico, es como el churrasco para los argentinos, los tacos para los mexicanos, albondiguillas para los suecos, la paella para los valencianos o las hamburguesas para los estadounidenses. Los peruanos suelen acompañarlo con camote y elote. En Ecuador lo sirven con canguil (palomitas de maíz); en Costa Rica, además del jugo de limón, le añaden jugo de lima y naranja. En fin, las variedades de ceviche suelen ser abundantes, aunque todas ellas coinciden en un punto: el pescado o marisco debe estar crudo, para cocerse o marinarse con jugo de limón. Las variaciones se hacen a base de ostiones, camarones, jaiba, pulpo o salmón. En este libro le brindamos varias maneras de prepararlo para que elija la que más le guste.

Ceviches

Ceviche de cazón

10 personas 3 horas

Ingredientes

20 limones.
3 tazas de lechuga, picada finamente.
3 chiles verdes, desvenados y sin semillas.
2 tazas de granos de elote, cocidos.
2 tazas de papas, cocidas y cortadas en cuadritos.
1 kg de filete de cazón, sin piel.
1 cebolla grande.
Sal y pimienta, al gusto.

Preparación

- Se corta el filete en cuadros y se coloca en un recipiente de cerámica o vidrio.
- Ponga el jugo de los limones, exprimiendo uno por uno.
- Sazone con la sal y la pimienta.
- Pique la cebolla finamente y añada.
- Muela en la licuadora los chiles desvenados y sin semillas hasta que queden bien molidos.
- Vierta sobre el pescado y deje reposar tres horas.
- Voltee cuidadosamente los trocitos de pescado para que queden bien empapados con el limón y el chile.
- Sirva en un tazón acompañando con papas, lechuga y elotes.

Ceviche de ostiones

6 personas 3 horas

Ingredientes

15 limones.
10 aceitunas.
8 cucharadas de aceite de oliva.
4 chiles jalapeños.
4 docenas de ostiones.
3 jitomates medianos.
2 cucharadas de orégano.
1 cebolla grande, picada finamente.
1 manojo de cilantro, finamente picado.
1 aguacate, grande y maduro.
½ kg de filete de sierra.
Sal y pimienta, al gusto.

Preparación

- Coloque los ostiones y el pescado cortado en cuadros en un recipiente de vidrio.
- Añada el jugo de los limones, exprimiendo uno por uno.
- Deje marinar una hora o hasta que, tanto el pescado como los ostiones estén de color blanco.
- Agregue la cebolla picada, el aceite, el cilantro, los chiles desvenados y sin semillas cortados en rajitas delgadas, el jitomate

picado, el orégano y las aceitunas; enteras, sal y pimienta a su gusto.

- Revuelva con cuidado para no romper el pescado.
- Deje reposar quince minutos más.
- Sirva en tazones decorando con una rebanadita de aguacate.

Acompañe con galletas saladas.

Ceviche de camarón

(Guanacaste, Costa Rica)

4 personas

1 hora

Ingredientes

350 g de camarón, cocido y pelado.
15 limones.
3 limas.
2 aguacates, grandes y maduros.
1 naranja agria.
1 cebolla chica, picada.
1 cucharada de cebollín picado finamente.
1 manojo de cilantro, picado finamente.
sal y pimienta, al gusto.

Preparación

- Mezcle todos los ingredientes, excepto el aguacate.
- Deje reposar durante una hora.
- Sirva adornando con rebanadas de aguacate. Acompañe con galletas saladas.

Ceviche acapulqueño

4 personas 6 horas

Ingredientes

15 alcaparras, picadas.
8 limones.
5 jitomates medianos, picados finamente.
4 cucharadas de aceite de oliva.
1 manojo de cilantro, picado finamente.
1 aguacate, grande y maduro.
1 pizca de orégano.
½ cebolla, picada finamente.
½ kg de filete de sierra.
Sal y pimienta, al gusto.

Preparación

- Coloque en un recipiente de cerámica o vidrio el filete de pescado cortado en cuadritos.
- Agregue el jugo de seis limones, exprimiendo uno por uno.
- Tape el recipiente y deje marinar en el refrigerador, por lo menos seis horas, para que se cocine el pescado.
- Cuando esté de color blanco, escúrralo.
- Añada la cebolla, el jugo de los dos limones restantes, el aceite de oliva, las alcaparras, el orégano, la sal y la pimienta.
- Al final, ponga el jitomate y el cilantro.
- Mezcle con cuidado para que no se rompa el pescado.
- Adorne con cuadritos de aguacate.

Ceviche de camarones

10 personas 3 horas

Ingredientes

- 20 limones.
- 2 dientes de ajo picados finamente.
- 1 cebolla grande picada finamente.
- 1 chile jalapeño picado finamente.
- 1 jitomate grande, maduro, pelado y picado.
- 1 cucharada de salsa de soya.
- 1 lechuga, lavada, desinfectada y picada.
- ½ kg de camarones frescos.
- ½ kg de pescado, sin espinas y cortado en cuadros.
- Sal y pimienta, al gusto.

Preparación

- Lave bien los camarones, pele y corte por la mitad.
- Ponga en un recipiente de cerámica o vidrio junto con los cuadros de pescado.
- Bañe con el jugo de limón, exprimiendo uno por uno.
- Deje marinar en el refrigerador, por lo menos durante tres horas. Escurra el líquido de maceración.
- Añada todas las verduras picadas, excepto la lechuga. Incorpore el chile y la salsa de soya.
- Sazone con sal y pimienta.
- Deje en el refrigerador hasta el momento de servir.
- En un plato hondo coloque una cama de lechuga picada y sirva el ceviche.

Ceviche de corvina

(Perú)

10 personas 3 horas

Ingredientes

25 limones.
20 hojas de lechuga.
3 chiles verdes.
3 elotes, cocidos con un poco de azúcar y anís.
3 camotes cocidos.
1 kg de filete de corvina o huachinango.
1 cebolla morada grande.
1 manojo de perejil (opcional).
1 naranja agria.
Sal y pimienta blanca, al gusto.

Preparación

- Lave muy bien la corvina con agua muy fría.
- Seque bien y corte en trocitos del tamaño que usted desee.
- En un recipiente de cerámica o vidrio exprima el jugo de dos limones.
- Coloque encima una capa de pescado.
- Sazone con sal y un poco de pimienta.
- Exprima nuevamente el jugo de dos o tres limones.
- Coloque una segunda capa y repita la operación: sal, pimienta y limón. Así sucesivamente hasta terminar el pescado.

- Corte los chiles verdes en rajas y retire las venas y las semillas.
- Coloque encima del pescado con la pulpa hacia abajo.
- Corte la cebolla a la pluma, muy finita, y esparza bien sobre el pescado.
- Vuelva a poner sal, pimienta y limón.
- Exprima una naranja agria y en este momento añada el perejil picado finamente.
- Si es necesario, añada más jugo de limón hasta que quede cubierto el pescado y deje reposar durante tres horas mínimo o hasta que el pescado esté de color blanco.
- No revuelva, únicamente balancee el recipiente para que los jugos se mezclen bien.
- En un plato acomode dos hojas de lechuga y sirva una cucharada de pescado con cebolla y chile, sin jugo.
- Acompañe con dos trocitos de elote y dos de camote.

Ceviche de calamar

10 personas 6 horas

Ingredientes

1½ kg de tentáculos de calamar.
6 cucharadas de aceite de oliva.
4 limones.
1 pimiento rojo, picado.
1 cebolla, picada finamente.

½ cebolla.
½ manojo de perejil, picado.
Hierbas de olor.
Sal y pimienta, al gusto.
Galletas saladas.
Salsa picante, al gusto.

Preparación

- Lave el calamar y cuézalo en agua hirviendo con la cebolla y las hierbas de olor hasta que se suavice.
- Deje enfriar, limpie y corte en trozos pequeños.
- Aparte, mezcle la media cebolla, el pimiento, el perejil, el jugo de limón y el aceite.
- Finalmente añada el calamar.
- Sazone con sal y pimienta a su gusto.
- Refrigere durante una hora.
- Sirva acompañado con galletas saladas y la salsa picante de su preferencia.

Ceviche de pulpo

4 personas — 6 horas

Ingredientes

15 a 20 limones.
6 cucharadas de aceite de oliva.
2 pulpos chicos.

2 jitomates, grandes y maduros.
1 cebolla grande.
1 aguacate, grande y maduro
1 manojo de perejil.
Salsa picante, a su gusto.
Salsa catsup, a su gusto.
Sal y pimienta, al gusto.
Elotes y camote, al gusto.

Preparación

- Ponga a calentar abundante agua con sal; en cuanto suelte el hervor sumerja los pulpos.
- Una vez que vuelva a hervir, sáquelos y sumérjalos en agua fría. Rápidamente límpielos quitando la capa gelatinosa que se forma en su superficie.
- Vuelva a meterlos al agua hirviendo media hora más.
- Sáquelos nuevamente y córtelos en pedacitos.
- Devuélvalos al agua hirviendo por media hora más o hasta que al probarlos estén suaves.
- Cuando estén bien cocidos, retire del agua hirviendo y enjuague con agua muy fría.
- Escurra y deje reposar en un tazón.
- Mientras tanto, pique la cebolla y sazone con sal y el jugo de tres limones.
- Pique el jitomate, retirando previamente las semillas.
- Haga lo mismo con el perejil y el aguacate; sazone con sal y el jugo de un limón.

- Una vez que esté frío el pulpo, exprima el jugo de los limones sobre él, poco a poco, intercalando con una parte de catsup y otra parte de salsa picante, aceite de oliva, sal y pimienta.
- Verifique el sazón conforme vaya exprimiendo los limones. Hágalo poco a poco.
- Incorpore la cebolla, el jitomate, el perejil y el aguacate.
- Deje reposar media hora más en el refrigerador y sirva en platos hondos con suficiente salsa.
- Acompañe con elotes y camote.

Ceviche de camarón

(Perú)

6 personas 2 horas

Ingredientes

10 limones.
10 hojas de lechuga, lavadas y desinfectadas.
2 elotes tiernos.
1 kg de camarones.
1 cebolla morada grande.
1 camote.
1 chile habanero, jalapeño o güero.
Sal y pimienta, al gusto.

Preparación

- Limpie con cuidado los camarones retirando la vena negra y lavando con suficiente agua fría.
- Cocine durante tres minutos en agua hirviendo.
- En cuanto tomen un color rosa intenso estarán listos.
- Retire y coloque nuevamente en agua fría.
- Ponga los camarones en una fuente y sazone con sal y pimienta.
- Exprima los limones, uno por uno, sobre los camarones.
- Corte media cebolla a la pluma, lo más fina posible, y espárzala sobre los camarones.
- Vuelva a rociar con sal, pimienta y jugo de limón.
- Corte en rajitas delgadas el chile y ponga encima.
- Deje reposar media hora, mínimo.
- Sirva sobre una cama de lechuga acompañando con una rebanada de camote y un trozo de elote.

Ceviche de salmón

10 personas — 2 horas

Ingredientes

3 limones.

1 kg de filete de salmón.

1 cebolla blanca mediana.

1a 3 dientes de ajo.

½ taza de vinagre balsámico.

¼ de taza de aceite virgen de oliva.

Sal y pimienta blanca, al gusto.
Puntas de espárragos, a su gusto.
Hojas de lechuga italiana.

Preparación

- Limpie bien el salmón, retire la piel y las rayitas de color café que aparecen entre la carne.
- Corte en láminas regulares, no muy delgadas, procurando que todas sean del mismo tamaño.
- Coloque en un recipiente de vidrio o cerámica las láminas de salmón.
- Sazone con sal y pimienta.
- Pique el ajo muy finito y ponga encima, al igual que la cebolla picada.
- Exprima los limones, uno por uno, sobre el pescado.
- Báñelo con el vinagre balsámico y el aceite de oliva.
- Deje reposar media hora y dé vueltas al pescado para que sazone por ambos lados.
- Cuando cambie el color sabrá que está listo.
- Sirva sobre las hojas de lechuga acompañado de puntas de espárrago.

Ceviche de hongos

6 personas 2 horas

Ingredientes

10 limones.
10 hojas de lechuga.
3 chiles verdes.
2 cucharadas de cilantro, picado.
1 kg de champiñones frescos.
1 cebolla morada.
1 cucharadas de ajo fresco, exprimido.
¼ de taza de aceite de oliva.
Sal y pimienta negra, al gusto.
Galletas saladas.

Preparación

- Lave los hongos, pélelos, retire el tallo y corte en cuatro. Coloque en un recipiente de vidrio o cerámica.
- Rocíe con sal y deje reposar quince minutos.
- Al cabo de este tiempo, retire el líquido.
- Sazone nuevamente con sal y pimienta.
- Incorpore el ajo, el cilantro y el chile; deje reposar otros cinco minutos.
- Agregue el jugo de los limones y la cebolla cortada a la pluma.
- Revuelva muy bien y espere otros quince minutos.

- Añada finalmente el aceite de oliva y sirva en una cama de lechuga con galletas saladas.

Ceviche de jícama

4 personas 2 horas

Ingredientes

5 limones.
5 cucharadas de aceite de oliva.
3 chiles verdes, picados finamente.
2 jitomates, grandes y maduros.
1 jícama grande.
1 manojo de cilantro.
1 aguacate, grande y maduro.
1 cucharada de sal.
½ cucharadas de orégano, molido.
Aceitunas, al gusto.
Galletas saladas.

Preparación

- Lave y pele la jícama.
- Ralle y coloque en un recipiente de vidrio o cerámica.
- Agregue la sal y exprima los limones, uno por uno.
- Deje reposar quince minutos.

- Ponga el aceite de oliva, el orégano molido, los chiles verdes, los jitomates, las aceitunas y el cilantro; revuelva muy bien. Sirva con el aguacate y galletas saladas.

Ceviche de almejas y mejillones

(Chile)

10 personas 3 horas

Ingredientes

15 limones.
3 chiles verdes serranos, picados muy finamente.
1 kg de almejas pequeñas.
1 kg de mejillones pequeños.
1 cebolla morada, cortada a la pluma.
¼ de pimiento rojo, cortado a la pluma.
¼ de pimiento verde, cortado a la pluma.
¼ de pimiento amarillo, cortado a la pluma.
Sal y pimienta, al gusto.

Preparación

- Saque de su concha las almejas y los mejillones.
- Lave muy bien con abundante agua fría.
- Colóquelos en un recipiente de vidrio o cerámica.

- Exprima los limones, uno por uno, y déjelos reposar durante tres horas en el refrigerador.
- Ya para servir, añada el resto de los ingredientes y acompañe con galletas saladas con mantequilla.

Ceviche kinilau

(Filipinas)

10 personas 4 horas

Ingredientes

3 chiles verdes.
2 tazas de vinagre de vino tinto.
1 kg de filete de pescado blanco o huachinango.
1 naranja agria.
1 cebolla morada grande.
1 manojo de perejil (opcional).
Sal y pimienta blanca, al gusto.

Preparación

- Lave muy bien el pescado con agua muy fría.
- Seque y corte en trocitos del tamaño que usted desee.
- En un recipiente de cerámica o vidrio ponga tres de vinagre y coloque encima una capa de pescado.

- Sazone con sal y un poco de pimienta.
- Rocíe nuevamente vinagre.
- Coloque una segunda capa y repita la operación: sal, pimienta y vinagre.
- Así sucesivamente hasta terminar el pescado.
- Corte los chiles verdes en rajas y retire las venas y las semillas. Coloque encima del pescado con la pulpa hacia abajo.
- Corte la cebolla a la pluma gruesa y vierta sobre el pescado cuidando que queden separados.
- Vuelva a sazonar con sal, pimienta y vinagre.
- Exprima una naranja agria y, en este momento, añada el perejil picado finamente.
- Si es necesario, añada más vinagre hasta que quede cubierto el pescado.
- Deje reposar durante tres horas mínimo o hasta que el pescado esté de color blanco.
- No revuelva, únicamente balancee el recipiente para que los jugos se mezclen bien.

Ceviche tailandés

6 personas 4 horas

Ingredientes

15 limones.
3 cucharadas de jengibre fresco y rallado.
1 naranja agria.

1 kg de camarón fresco, pelado y limpio.
½ manojo de albahaca.
½ manojo de cilantro.
½ cebolla, picada.
Sal, al gusto.
Pimienta blanca, al gusto.

Preparación

- Limpie y pele los camarones.
- Acomode en un recipiente de vidrio o cerámica.
- Rocíe con el jengibre rallado, sal y pimienta.
- Exprima los limones, uno por uno, y la naranja agria; vierta el juego sobre los camarones.
- Deje reposar durante tres horas mínimo en el refrigerador.
- Ya para servir, se añaden la cebolla picada, la albahaca y el cilantro también picados.
- Mezcle muy bien y sirva frío.

Ceviche afrodisiaco mexicano

2 personas 24 horas

Ingredientes

10 limones.
2 jitomates.
2 chiles largos.

1 naranja agria.
1 cebolla blanca, picada finamente.
1 cucharada de comino en polvo.
1 aguacate, grande y maduro.
½ kg de filete de huachinango, cortado en cuadritos.
½ manojo de cilantro.
¼ de taza de aceite de oliva.
Sal, al gusto.
Aceitunas, al gusto.

Preparación

- Lave y limpie el pescado.
- Acomode en un recipiente de vidrio o cerámica.
- Sazone con sal y exprima los limones, uno por uno.
- Exprima también la naranja agria.
- Añada el comino y el aceite de oliva; deje reposar toda la noche.
- Al día siguiente, pique muy bien el jitomate, el cilantro, la cebolla, los chiles largos.
- Revuelva con cuidado para que no se deshaga el pescado. Añada las aceitunas y sirva adornando con rebanadas de aguacate.
- Acompañe con galletas saladas.

Ceviche guatemalteco de camarón

2 personas 12 horas

Ingredientes

125 ml de salsa inglesa.
5 cucharadas de jugo de limón.
3 ramas de hierbabuena.
2 cucharadas de salsa de jitomate.
2 cucharadas de cebolla, picada finamente.
1 manojo de cilantro.
1 cucharada de apio.
½ kg de camarones, sin cabeza, pelados y pasados por agua hirviendo dos minutos.
Sal, al gusto.

Preparación

- En un recipiente de vidrio o cerámica coloque los camarones.
- Cubra con el jugo de limón y la salsa inglesa.
- Deje reposar toda la noche.
- Al día siguiente, pique las hierbas, la cebolla y el apio; vierta la salsa de jitomate y agregue a los camarones.
- Por último, se pone la sal y, si gusta, salsa tabasco.
- Deje reposar media hora más en el refrigerador.
- Acompañe con galletas saladas.

Ceviche de sierra

2 personas 6 horas

Ingredientes

10 alcaparras picadas.
8 limones.
5 jitomates redondos.
3 cucharadas de aceite de oliva.
1 aguacate.
1 pizca de orégano.
½ kg de filete de sierra limpio, sin piel y cortado en cuadritos.
½ cebolla picada.
½ taza de aceitunas picadas.
¼ de taza de cilantro picado.
Sal al gusto.

Preparación

- Coloque el pescado en cuadritos en un recipiente de vidrio o cerámica.
- Exprima seis limones, uno por uno, y vierta el jugo sobre el pescado.
- Tape el recipiente y deje marinar por lo menos seis horas. Escurra el jugo y añada la cebolla picada.
- Exprima los dos limones restantes.

- Añada las aceitunas y las alcaparras escurridas y picadas, el orégano, el aceite de oliva y la sal.
- Corte los jitomates y retire las semillas, píquelos finamente, al igual que el cilantro; agregue al pescado.
- Revuelva con mucho cuidado para no deshacerlo.
- Sirva en copas adornando con rebanadas de aguacate.

Sopas, caldos y arroces para acompañar

Sopa de lentejas

4 personas | 3 horas

Ingredientes

4 jitomates.
2 tazas de lentejas.
1 rama de perejil.
1 l de agua.
1 pizca de sal.
1 cucharada de consomé de camarones.
½ taza de cebolla, picada finamente.
½ taza de apio, picado.
½ taza de zanahorias, picadas.

Preparación

- Remoje las lentejas dos horas antes.
- Enjuague y coloque en una olla con un litro de agua.
- Ponga a hervir y deje cocer aproximadamente media hora.
- Añada las verduras, la sal y el consomé de camarones.
- Aparte, muela los jitomates en la licuadora y vierta sobre las lentejas colando muy bien.
- Deje sazonar diez minutos más y sirva caliente.

Sopa de verduras

6 personas 45 minutos

Ingredientes

4 jitomates.
3 dientes de ajo.
1 taza de zanahorias, picadas.
1 taza de col, picada.
1 taza de chícharos, pelados.
1 taza de apio, picado.
1 taza de acelgas, picadas.
1 taza de granos de elote, picados.
1 rama de cilantro.
1 cucharada de aceite de oliva.
½ taza de cebolla, picada.
Sal, al gusto.

Preparación

- En una cacerola honda caliente el aceite y fría la cebolla, los dientes de ajo picados y los granos de elote.
- Mueva para que no se quemen y añada los jitomates licuados y colados.
- Cuando empiece a hervir añada el resto de las verduras y deje cocinar durante quince minutos o hasta que la verdura esté cocida.
- Sazone con sal.

Sopa de espinacas

4 personas 30 minutos

Ingredientes

- 5 tazas de caldo de verduras.
- 3 manojos de espinacas, lavadas y desinfectadas.
- 3 tazas de queso cheddar, rallado.
- 2 cucharadas de harina.
- 1 cebolla chica, picada finamente.
- 1 cucharada de sal.
- 1 cucharada de tomillo, seco.
- 1 hoja de laurel.
- 1 pizca de nuez moscada.
- ¼ de taza de aceite de oliva.
- Pimienta, al gusto.

Preparación

- En una olla ponga tres de aceite de oliva y fría la cebolla con los tallos de las espinacas, cortados muy chiquitos. hasta que estén suaves.
- Retire y muela en la licuadora.
- Vuelva a poner en la olla.
- Vierta el caldo de verduras, laurel, tomillo, pimienta, nuez moscada, sal y la mitad del queso cheddar.
- Mueva constantemente hasta que quede una crema.

- Cuando empiece a hervir, añada las hojas de las espinacas troceadas y deje hervir cinco minutos más.
- Aparte, en una sartén vierta el aceite restante y las dos de harina.
- Deje dorar ligeramente y vierta sobre la sopa.
- Mueva para que no se pegue ni queden grumos.
- Debe tener consistencia cremosa.
- Si es necesario, añada un poco más de caldo de verduras. Sirva caliente poniendo una cucharada del queso sobrante.

Sopa de papa y almejas

6 personas 45 minutos

Ingredientes

5 papas grandes.
5 jitomates.
3 cucharadas de aceite de oliva.
1 rama de cilantro.
1 diente de ajo.
1 taza de queso fresco.
1 pizca de orégano.
1 l de agua.
½ kg de almejas frescas.
½ taza de cilantro, picado.
¼ de cebolla.
Sal, al gusto.
Chile verde, picado y al gusto.

Preparación

- Lave muy bien las almejas y reserve.
- Aparte, lave y pele las papas, corte en juliana y fría ligeramente en el aceite de oliva.
- Agregue sal y orégano.
- Muela el jitomate con la cebolla y el ajo.
- Cuele, vierta el caldo sobre las almejas y deje hervir media hora.
- Enseguida, ponga las papas y vierta un litro de agua caliente.
- Añada la rama de cilantro y deje hervir hasta que las papas estén bien cocidas.
- Sirva caliente con cuadritos de queso fresco, chile verde y una pizca de cilantro picado.

Sopa de cebolla

4 personas 30 minutos

Ingredientes

16 rebanadas de pan blanco.
5 cucharadas de mantequilla sin sal.
4 tazas de agua.
4 hojas de laurel.
3 cebollas medianas.
2 cebollas grandes.

1 taza de queso gruyere, rallado.
1 copa de oporto o vino tinto.
1 ramita de tomillo.
1 cucharada de salsa inglesa.
1 cucharada de consomé de pollo.
Sal y pimienta, al gusto.

Preparación

- Rebane las cebollas y fría en la mantequilla hasta que estén transparentes.
- Añada el agua, laurel, tomillo, salsa inglesa, sal, pimienta y el oporto o vino tinto.
- Cuando empiece a hervir, agregue el consomé de pollo. Deje hervir cinco minutos más.
- Aparte, acomode las rebanadas de pan en un molde refractario o charola para hornear galletas y sobre cada rebanada de pan ponga una cucharada de queso.
- Meta al horno a 180° por dos minutos o hasta que el queso se haya gratinado.
- Sirva la sopa caliente acompañada con el pan.

Sopa de flor de calabaza

6 personas 30 minutos

Ingredientes

60 g de pan cortado en cuadritos y frito en mantequilla.
60 g de mantequilla sin sal.
3 cucharadas de aceite de maíz.
3 cucharadas de harina.
2 l de leche.
2 yemas de huevo.
1 cebolla.
1 cucharada de sal.
½ taza de crema.
½ kg de flor de calabaza.
Pimienta blanca al gusto.

Preparación

- Lave muy bien las flores de calabaza.
- Retire los pistilos y pele los tallos.
- Pique muy bien la cebolla y las flores.
- Fría en el aceite de maíz y deje cocer en su propio jugo durante diez minutos.
- Retire del fuego y muela en la licuadora hasta que quede un puré homogéneo.

- Mezcle con la leche y ponga a hervir a fuego lento.
- Fría en la mantequilla las tres cucharadas de harina hasta que estén doradas.
- Añada a la leche y mueva constantemente hasta que espese.
- Sazone con sal y pimienta.
- Retire del fuego y añada las yemas batidas con la crema.
- Revuelva muy bien y sirva caliente adornando con los cuadritos de pan frito.

Caldo de pescado (1)

6 personas 1 hora

Ingredientes

4 cucharadas de harina.
3 ramas de hierbabuena.
2 jitomates, grandes y maduros.
1 ½ l de caldo de pollo.
1 cebolla mediana, picada finamente.
1 chile verde serrano, picado finamente.
1 taza de papas, picadas finamente.
1 taza de zanahorias, picadas finamente.
1 taza de chícharos.
1 pizca de orégano.
½ kg de pulpa de pescado, cortada en cuadritos.
¼ de taza de arroz.
Aceite, el necesario para freír.
Sal, al gusto.

Preparación

- Lave muy bien el pescado y escurra.
- Enharine ligeramente y fría los trocitos hasta que estén dorados. Reserve.
- Aparte, ponga a calentar el caldo de pollo.
- Añada la cebolla, el chile verde, el arroz, las papas, las zanahorias, los chícharos y el jitomate molido y colado.
- Deje cocinar durante media hora.
- Agregue la hierbabuena, el orégano y la sal.
- Deje cocinar quince minutos más.
- Sirva un plato con varios trocitos de pescado.

Caldo de pescado y mariscos

6 personas 1 hora

Ingredientes

5 dientes de ajo.
3 docenas de ostiones, sin concha.
2 filetes de lenguado o cazón.
1 ½ l de agua.
1 taza de vino blanco.
1 hoja de laurel.
1 pizca de albahaca, seca.

1 cucharada de concentrado de camarón.
½ kg de almejas, en su concha.
½ cebolla.
½ cucharada de achiote.
¼ de kg de camarón fresco.
Sal.

Preparación

- En una cacerola honda caliente el agua.
- Ponga el pescado, las almejas y los ostiones con el ajo, la cebolla, el laurel y el achiote (previamente disuelto en tres cucharadas de vino).
- Cuando suelte el hervor, baje el fuego y añada el vino restante y una pizca sal.
- Debe hervir quince minutos más.
- Añada los camarones, el concentrado de camarón, la albahaca y una pizca sal.
- Deje hervir media hora más.

Caldo de pescado (2)

4 personas 1 hora

Ingredientes

- 2 zanahorias, picadas.
- 2 papas, picadas.
- 1 cabeza de pescado.
- 1 diente de ajo, picado.
- 1 cucharada de aceite.
- 1 cucharada de perejil, picado.
- 1 jitomate.
- 1 cebolla.
- ¼ kg de retazo de pescado.
- Hierbas de olor.
- Sal, al gusto.

Preparación

- Cueza la cabeza y el retazo de pescado en suficiente agua con sal y hierbas de olor.
- Aparte, fría el ajo picado, retírelo y fría la cebolla hasta que quede transparente.
- Añada el jitomate, pelado, sin semillas y finamente picado. Muela en la licuadora.
- Cuele y vierta sobre el caldo junto con las papas y las zanahorias.
- Sazone con un poco de sal y perejil.

- Deje cocinar a fuego lento durante quince minutos más.
- Sirva caliente.

Caldo de habas

6 personas | 2 horas

Ingredientes

3 jitomates, picados, sin semillas y sin cáscara.
3 ramas de cilantro.
3 chiles de árbol, secos.
2 tazas de habas, secas.
1 cebolla mediana, picada.
½ kg de camarones, cocidos y pelados.
Sal, al gusto.

Preparación

- Ponga a remojar las habas desde la noche anterior.
- Enjuague y escurra muy bien.
- Caliente dos litros de agua y añada las habas.
- Deje que hiervan una hora o hasta que estén deshechas.
- Corte los jitomates en cuadritos y pique la cebolla finamente. Añada a las habas junto con las ramas de cilantro, los chiles de árbol y los camarones.
- Sazone con sal a su gusto.
- Deje hervir diez minutos más. Sirva caliente.

Chilpachole de jaiba

6 personas 2 horas

Ingredientes

100 g de masa de maíz.
12 jaibas enteras.
6 jitomates.
6 pimientas negras.
1 rama de epazote.
1 rajita de canela.
3 cucharadas de aceite de maíz.
3 dientes de ajo.
3 cucharadas de consomé.
2 clavos de olor.
2 chiles chipotles, secos, hervidos, desvenados y sin semillas.
2 l de caldo de pollo.

Preparación

- Ase los jitomates y el ajo.
- Con una cucharadita de aceite de maíz fría ligeramente la pimienta, el clavo, la canela y los chiles chipotles.
- Muela muy bien en la licuadora, cuele y vuelva a freír.
- Añada las jaibas y el caldo de pollo.
- Cuando empiece a hervir agregue la masa, disuelta previamente en un poco de agua.

- Ponga por último el epazote y el consomé.
- Tape y deje hervir mínimo media hora.

Sopa de tapioca

6 personas 1 hora

Ingredientes

3 jitomates.
3 ramas de perejil.
2 tazas de tapioca.
1 docena de camarones, cocidos y pelados.
1 diente de ajo.
1 chile jalapeño.
1 pizca de orégano.
1 cubo de consomé de camarón.
½ taza de chícharos verdes.
½ taza de zanahorias.
¼ de cebolla chica.
Sal, al gusto.

Preparación

- Desde la noche anterior ponga a remojar la tapioca en suficiente agua.
- A la mañana siguiente, muela en la licuadora los jitomates con la cebolla y el ajo.
- Vierta sobre una cacerola honda junto con las verduras y la tapioca (previamente escurrida).
- Mueva con frecuencia hasta que la tapioca esté transparente.
- Añada los camarones y el consomé de camarón.
- Sazone con sal y orégano. Deje hervir quince minutos.
- Verifique la sal y sirva caliente.

Vichyssoise

(Sopa fría)

6 personas 3 horas

Ingredientes

4 papas.
3 poros.
2 cubos de caldo de pollo o de verduras.
1 cucharada de aceite.
1 cucharada de mantequilla.
1 cebolla mediana.
1 l de agua caliente.
½ taza de crema fresca.

½ taza de cebollín, picado.
Sal, al gusto.

Preparación

- Caliente juntos el aceite y la mantequilla.
- Añada la cebolla y los poros picados.
- Fría hasta que estén transparentes.
- Vierta el agua caliente y añada los cubos de caldo de pollo o de verduras.
- Añada la sal y las papas, peladas y cortadas en cuadritos.
- Deje cocer a fuego lento durante media hora.
- Muela muy bien en la licuadora hasta obtener una pasta homogénea y refrigere.
- Cuando la sopa esté bien fría, mezcle la crema al momento de servir.
- Espolvoree con el cebollín picado.

Sopa de tortilla

6 personas — 30 minutos

Ingredientes

12 ramas de epazote.
10 tortillas, fritas y cortadas en tiritas.
4 chiles pasilla.

2 cucharadas de aceite de oliva.
2 dientes de ajo, picados.
2 jitomates grandes.
2 tazas de queso añejo, rallado.
1 l de caldo de frijol bayo.
½ cebolla, picada.
Sal y pimienta, al gusto.

Preparación

- Fría en el aceite los chiles, desvenados y sin semillas.
- Retire y en el mismo aceite fría la cebolla, los dientes de ajo picados y los jitomates, pelados, sin semillas y cortados en cuadritos.
- Cocine hasta que quede una salsa espesa.
- Añada el caldo de frijol y el epazote. Sazone con sal y pimienta. Deje hervir diez minutos más.
- A punto de servir, añada la tortilla frita.
- Sirva con un pedacito de chile pasilla y una cucharada de queso rallado.
- Adorne con una hoja de epazote.

Sopa mexicana

4 personas 30 minutos

Ingredientes

100 g de mantequilla.
2 tazas de caldo de verduras.
2 cucharadas de harina.
1½ tazas de leche.
1 cebolla, picada.
1 poro, picado.
1 taza de granos de elote.
1 chile poblano, asado, desvenado y sin semillas.
1 cucharada de sal.
1 pizca de pimienta.
1 taza de crema fresca.

Preparación

- En la mantequilla fría la cebolla, el poro y los granos de elote hasta que estén suaves y transparentes.
- Añada el chile poblano y las dos cucharadas de harina.
- Mueva para que no se pegue.
- Añada el caldo de verduras y la leche. Continúe moviendo hasta que empiece a hervir. Sazone con sal y pimienta.
- Finalmente agregue la crema revolviendo suavemente hasta que se incorpore.

Crema de champiñones

4 personas 30 minutos

Ingredientes

30 g de mantequilla.
3 cucharadas de harina.
2 cebollas medianas.
1 l de agua.
1 cubo de caldo de pollo.
1 taza de crema.
1 limón.
1 cucharada de sal.
1 pizca de pimienta blanca.
1 pizca de nuez moscada.
½ taza de perejil, picado.
¼ kg de champiñones, frescos y duros.

Preparación

- Lavar, pelar y picar muy bien los champiñones.
- Coloque en un recipiente de vidrio o cerámica.
- Rocíe con unas gotas de jugo de limón, para que no se pongan negros.

- Pique finamente las cebollas y el perejil. Fría en la mantequilla hasta que estén acitronados. Mientras tanto, muela en la licuadora una porción de champiñones con la crema.
- Añada la harina adonde se hayan acitronado la cebolla y el perejil, moviendo hasta que estén dorados. Enseguida, poner el agua, el cubo de caldo de pollo, sal, pimienta y nuez moscada.
- En cuanto empiece a hervir, agregue los champiñones picados y molidos; cueza a fuego suave durante quince minutos.
- En un tazón aparte, bata la crema e incorpore a la sopa moviendo hasta que todo esté bien mezclado.
- Sirva caliente con trocitos de pan frito.

Sopa poblana

4 personas 30 minutos

Ingredientes

3 calabacitas, picadas finamente.
2 l de caldo de verduras.
2 cucharadas de puré de jitomate.
2 cucharadas de mantequilla.
2 chiles poblanos, asados, desvenados y sin semillas
2 aguacates.
1 taza de granos de elote tierno.
1 cucharadas de sal.
½ taza de queso fresco rallado.

½ taza de cebolla, picada finamente.
Pimienta negra, al gusto.

Preparación

- Fría en la mantequilla la cebolla, las calabacitas, los granos de elote y los chiles, asados y cortados en cuadritos, durante cinco minutos.
- Añada el puré de jitomate y el caldo. Sazone con sal y pimienta.
- Deje hervir a fuego lento durante quince minutos o hasta que la verdura esté cocida.
- Revuelva bien con el queso rallado.
- Sirva caliente con cuadritos de aguacate.

Sopa de fideos

4 personas 30 minutos

Ingredientes

3 jitomates.
2 cucharadas de aceite de maíz.
2 l de caldo de verduras.
2 cucharadas de queso rallado.
1 paquete de sopa de fideos.
1 diente de ajo.
1 rama de perejil.

1 cucharadas de sal.
1 pizca de pimienta.
½ taza de apio, picado.
¼ de cebolla.

Preparación

- Fría los fideos en el aceite y retire cuando estén dorados.
- Muela el jitomate con la cebolla y el ajo; fría en el mismo aceite y añada enseguida el apio picado.
- Deje que hierva cinco minutos.
- Agregue el caldo de verduras y la rama de perejil.
- Sazone con sal y pimienta.
- Añada los fideos y deje cocinar hasta que estén suaves.
- Sirva caliente con una cucharada de queso rallado.

Sopa de papa

4 personas 30 minutos

Ingredientes

100 g de mantequilla.
2 papas grandes.
2 huevos cocidos.
2 l de caldo de pollo.
1 jitomate.

1 rama de perejil.
1 cucharada de sal.
1 pizca de pimienta blanca.
½ cebolla.

Preparación

- Ralle las papas y remoje en agua con sal durante diez minutos.
- Enjuague, escurra y deje secar en un lienzo limpio.
- Caliente la mantequilla y fría en ella las ralladuras de papa hasta que estén doradas.
- Escurra en un papel de estraza el exceso de grasa.
- Coloque en una sopera junto con los huevos cocidos y el perejil picados.
- Pique el jitomate y la cebolla finamente; sofría ligeramente.
- Añada a la preparación anterior. Sazone con sal y pimienta.
- Vierta el caldo hirviendo en la sopera y sirva caliente.

Sopa guerrerense

6 personas 30 minutos

Ingredientes

3 chiles serranos verdes, picados.
3 jitomates grandes.
3 cucharadas de aceite de maíz.

2 tazas de maíz cacahuazintle, cocido.
2 tazas de frijoles negros, cocidos.
2 l de caldo de frijol negro.
1 diente de ajo, picado.
1 cucharada de orégano, molido.
1 taza de queso fresco, cortado en cuadritos.
1 aguacate, grande y maduro.
1 cucharada de sal.
½ taza de cebolla picada.
½ taza de cilantro, picado.

Preparación

- Muela el jitomate con el ajo y dos rodajas de cebolla.
- Cuele y fría en el aceite.
- Añada el caldo de frijol.
- Cuando hierva, agregue el maíz y los frijoles cocidos.
- Sazone con sal y orégano.
- Deje cocinar quince minutos.
- Sirva caliente con cebolla, cilantro, chile picado, aguacate y queso.

Sopa cremosa de chícharos

6 personas 40 minutos

Ingredientes

100 g de queso crema.
4 cucharadas de mantequilla.
1 ½ l de caldo de pescado.
1 cucharada de fécula de maiíz.
1 cucharada de sal.
1 rama de tomillo.
1 hoja de laurel.
1 chile jalapeño.
½ taza de leche.
½ kg de chícharos, frescos.

Preparación

- Fría los chícharos en la mantequilla a fuego lento por cinco minutos.
- Añada el caldo y cuando empiece a hervir ponga el tomillo, el laurel, el chile jalapeño y la sal.
- Deje hervir a fuego lento hasta que se cuezan los chícharos.
- Cuando estén cocidos, tome media taza de chícharos y muélalos en la licuadora junto con la leche, el queso y la fécula de maíz.
- Vierta esta mezcla al caldo.
- Verifique el sazón y si es necesario ponga un poco más de sal.
- Sirva caliente.

Arroz blanco

6 personas 30 minutos

Ingredientes

4 tazas de agua caliente.
3 cucharadas de aceite de maíz.
2 tazas de arroz.
1 diente de ajo, picado.
1 cucharada de sal.
1 cucharada de jugo de limón.
1 taza de chícharos, frescos.
¼ de cebolla, picada.

Preparación

- Lave el arroz en agua caliente y escurra hasta que esté bien seco.
- Fría la cebolla y el ajo junto con el arroz hasta que éste se dore. Enseguida, añada los chícharos y el agua caliente.
- Sazone con sal y jugo de limón.
- Deje cocer durante 20 minutos o hasta que el arroz esté suave.

Arroz a la mexicana

6 personas 30 minutos

Ingredientes

3 cucharadas de aceite de maíz.
2 tazas de arroz.
2 jitomates guajillo.
1 diente de ajo.
1 taza de chícharos, frescos.
1 cucharada de sal.
1 l de agua caliente.
½ taza de zanahorias picadas.
¼ de cebolla.

Preparación

- Lave el arroz con agua caliente y deje escurrir hasta que esté bien seco.
- Fría en una sartén hasta que esté dorado.
- Añada las zanahorias y los chícharos.
- Muela los jitomates con la cebolla y el ajo; vierta sobre el arroz.
- Deje hervir cinco minutos y después agregue el agua caliente y la sal.
- Deje cocer durante 20 minutos o hasta que el arroz esté suave. Puede añadir un poco más de agua si es necesario.

Arroz con naranjas y plátanos

6 personas 45 minutos

Ingredientes

80 g de mantequilla.
5 ramas de perejil picados.
3 pimientas gordas.
2 tallos de apio.
2 tazas de arroz.
2 plátanos machos maduros.
2 naranjas dulces.
2 dientes de ajo.
1 l de caldo de verduras o de pollo.
1 docena de camarones gigantes cocidos y pelados.
1 cebolla.
1 cucharada de sal.
Ralladura de una naranja.

Preparación

- Pique muy bien la cebolla, el ajo y el apio y ponga a freír con la mitad de la mantequilla.
- Agregue el arroz y mueva hasta que esté dorado.
- Enseguida agregue la mitad del perejil picado, el jugo de una naranja, los granos de pimienta machacados, la sal y la mitad del caldo de verduras o de pollo.

- Deje cocer con la cacerola tapada; vaya añadiendo el resto del caldo; el arroz debe quedar esponjoso, no deshecho.
- En el resto de la mantequilla fría los plátanos cortados en trocitos y añada al caldo con el arroz, al igual que la ralladura de la cáscara de una naranja.
- Para servir adorne con los gajos de la naranja restante, debidamente pelados, los camarones y perejil picado.

Arroz verde

6 personas | 35 minutos

Ingredientes

3 cucharadas de aceite.
2 tazas de arroz.
2 chiles poblanos, asados y desvenados.
1 diente de ajo.
1 l de agua.
1 cubo de consomé de verduras o de pollo.
1 cucharada de sal.
½ taza de granos tiernos de elote.
¼ de cebolla.

Preparación

- Lave el arroz en agua caliente, enjuague y escurra bien hasta que se seque.
- Fría en el aceite junto con los granos de elote.
- Aparte, muela en la licuadora los chiles poblanos asados junto con la cebolla y el ajo.
- Vierta sobre el arroz y deje hervir cinco minutos; añada el agua caliente.
- Cuando suelte el hervor, agregue la sal y el cubo de consomé de verduras o de pollo.

Arroz caldoso

6 personas 35 minutos

Ingredientes

4 cucharadas de aceite.
3 dientes de ajo, picados.
3 jitomates guajillo.
3 ramitas de cilantro.
3 chiles serranos.
2 tazas de arroz, cocido.
2 huevos cocidos, picados.
1 cucharada de sal.
½ taza de agua.
½ taza de cebolla, picada finamente.

½ taza de zanahorias, picadas finamente.

½ taza de chícharos, cocidos.

Preparación

- Fría la cebolla, los ajos, los chiles y las zanahorias en el aceite hasta que la cebolla quede transparente.
- Muela los jitomates con media taza de agua, cuele y vierta sobre los vegetales.
- Deje hervir diez minutos y sazone con sal.
- Cuando las zanahorias estén tiernas agregue el arroz, los chícharos cocidos, los huevos cocidos y las ramitas de cilantro.
- Deje cocinar diez minutos más y sirva caliente.

Pasta primavera

4 personas 45 minutos

Ingredientes

10 champiñones grandes.

10 aceitunas negras.

5 cebollitas cambray.

3 dientes de ajo, exprimidos.

2 jitomates guajillo, grandes y maduros.

1 pimiento morrón verde.

1 cucharada de orégano, molido.

1 pizca de pimienta blanca.

1 pizca de sal.
1 manojo de espinacas, lavadas y desinfectadas (únicamente las hojas).
¼ kg de sopa de pasta, la de su preferencia.
¼ de taza de aceite de oliva.
¼ de taza de vinagre de manzana.

Preparación

- En dos litros de agua hirviendo cueza la pasta al dente. Enjuague con agua fría limpia y reserve.
- Aparte, exprima los ajos, frote con ellos una ensaladera de madera y deje reposar quince minutos.
- Pasado este tiempo coloque los jitomates picados, pelados y sin semillas; el pimiento morrón en rajas; los champiñones pelados y cortados en rebanadas; las cebollitas cortadas en rebanadas finas y las hojas de espinaca troceadas con la mano.
- Sazone con orégano, sal y pimienta.
- Vierta encima la pasta, previamente escurrida, y mezcle suavemente.
- Rocíe con el aceite y el vinagre.
- Adorne con las aceitunas.

Pasta básica

4 personas 35 minutos

Ingredientes

5 cucharadas de aceite de oliva.
3 dientes de ajo, picados finamente.
3 hojas de laurel.
2 tazas de puré de jitomate.
2 tazas de queso parmesano.
1 pizca de pimienta negra.
1 pizca de orégano.
1 ramita de mejorana.
1 ramita de tomillo.
1 cucharada de sal.
½ cucharada de azúcar.
½ cebolla, picada finamente.
¼ de kg de espagueti.

Preparación

- En dos litros de agua hirviendo cueza la pasta al dente. Enjuague con agua fría limpia y escurra.
- Aparte, en el aceite fría la cebolla y el ajo hasta que estén transparentes. Añada el puré de jitomate.
- Cuando empiece a hervir sazone con orégano, pimienta, laurel, mejorana y tomillo y cocine por media hora a fuego lento.

- Termine de sazonar con el azúcar y la sal.
- Vierta el espagueti en la salsa y sirva caliente con una cucharada de queso parmesano por ración.

Pasta a la crema

4 personas 45 minutos

Ingredientes

- 1 taza de crema fresca.
- 1 taza de manzana, cortada en cuadritos.
- 1 taza de piña, picada.
- 1 taza de apio, picado finamente.
- 1 cucharada de pimienta blanca.
- 1 cucharada de azúcar morena.
- 1 cucharada de sal.
- ½ taza de mayonesa.
- ¼ de kg de coditos grandes.

Preparación

- En dos litros de agua hirviendo cueza la pasta al dente. Enjuague con agua limpia fría y escurra.
- Mezcle el resto de los ingredientes en una ensaladera poniendo al final la pasta.
- Revuelva suavemente y meta al refrigerador media hora antes de servir.

Sopa juliana

4 personas | 90 minutos

Ingredientes

- 5 hojas de acelgas.
- 3 ramitas de hierbabuena.
- 3 clavos de olor.
- 1½ l de caldo de pollo.
- 1 taza de col, picada.
- 1 taza de zanahorias, picadas.
- 1 poro.
- 1 nabo.
- 1 tallo de apio, picado.
- 1 hoja de laurel.
- 1 ramita de tomillo.
- 1 cucharada de sal.
- 1 pizca de pimienta negra.
- ½ taza de ejotes, picados.

Preparación

- Caliente el caldo de pollo y cuando empiece a hervir añada las verduras y las hierbas de olor.
- Sazone con sal y pimienta.
- Sirva caliente con cubitos de pan tostado.

Sopa de migas

6 personas

40 minutos

Ingredientes

6 bolillos, duros.
6 jitomates, grandes y maduros.
3 dientes de ajo.
3 chiles chipotles.
3 ramitas de hierbabuena.
2 l de caldo de pollo.
1 cebolla.

Preparación

- Corte en rebanadas los bolillos y fría en suficiente aceite.
- Muela los jitomates, la cebolla y los ajos. Cuele y ponga a hervir el caldo en una cacerola honda con los chiles chipotles y las ramas de hierbabuena.
- Deje hervir diez minutos y añada las rebanadas de pan frito.
- Apague el fuego y tape la cacerola.
- Sirva caliente.

Sopa de cilantro

4 personas 30 minutos

Ingredientes

- 3 dientes de ajo.
- 2 tazas de cilantro picado.
- 2 tazas de agua caliente.
- 2 cucharadas de mantequilla sin sal.
- 1 cebolla mediana.
- 1 taza de leche descremada.
- 1 cucharada de sal.
- 1 pizca de pimienta.
- 1 chile verde serrano.
- ½ kg de calabacitas tiernas.
- ½ taza de crema de leche.
- ¼ de kg de pescado blanco cocido.

Preparación

- Con dos tazas de agua hierva las calabazas, la cebolla, los ajos, el chile verde y media taza de cilantro picado.
- Cuando estén suaves, muela en la licuadora mezclando con la leche y el resto del cilantro picado.
- Caliente la mantequilla y vierta sobre ella la sopa. Deje hervir quince minutos. Sazone con sal y pimienta.
- Desmenuce el pescado cocido y mezcle con la sopa.
- Ya para servir, añada la crema revolviendo suavemente.

Pescados

Anchoas y papas

4 personas 45 minutos

Ingredientes

- 20 g de mantequilla.
- 3 papas medianas.
- 1 lata de anchoas.
- 1 cebolla mediana.
- ½ taza de crema.
- Pimienta blanca y sal, al gusto.
- Aceite de oliva, para engrasar el molde.

Preparación

- Pele las papas y córtelas en tiritas, haga lo mismo con la cebolla.
- Fríalas ligeramente con la mantequilla.
- Aparte, engrase un molde con el aceite y ponga la mitad de las papas y la cebolla; rocíe pimienta y sal.
- Coloque encima las anchoas y cubra con las papas restantes. Bata ligeramente la crema con pimienta y sal y vierta sobre las papas.
- Cubra el molde con papel aluminio y meta al horno, previamente calentado a 200° C, durante media hora.

Atún al horno

4 personas 45 minutos

Ingredientes

4 anchoas, cortadas en filetes.
1 cebolla, picada muy finamente.
1 cucharada de tomillo molido.
1 cucharada de laurel, molido.
1 pizca de pimienta.
1 cucharada de sal.
¼ de kg de pescado blanco cocido.
¼ de taza de aceite de oliva.
¼ de taza de vinagre de manzana.

Preparación

- Se mecha el trozo de atún con los filetes de anchoas y se sazona con sal y pimienta.
- Se engrasa un molde refractario y se coloca el atún mechado.
- Mezcle el aceite, el vinagre, el tomillo, el laurel y la cebolla picada con un poco de pimienta y sal.
- Bañe el pescado con esta salsa y hornee media hora, bañando de vez en cuando con la salsa.
- Acompañe con zanahorias al vapor y ensalada de lechuga.

Atún en escabeche

4 personas 12 horas

Ingredientes

200 g de cebollitas cambray.
50 g de harina.
4 rebanadas de atún.
2 hojas de laurel.
2 vasos de aceite de oliva.
1 cabeza de ajos.
1 pizca de tomillo.
1 vaso de vinagre de manzana.
1 vaso de vino blanco.
Sal y pimienta.

Preparación

- Salpimente el atún, enharínelo y fríalo con un poco de aceite de oliva. Reserve.
- En la misma sartén fría a fuego lento las cebollitas cambray y la cabeza de ajos, partida por la mitad, hasta que estén dorados.
- Agregue el vino, el vinagre, el laurel, la pimienta y el tomillo. Deje cocinar a fuego vivo durante tres minutos moviendo constantemente para que se evapore el alcohol y agregue más pimienta sin dejar de mover. Apague el fuego y reserve.
- Coloque el atún en una cazuela de barro y agregue el escabeche encima.

- Deje cocinar diez minutos a fuego lento moviendo suavemente para que no se pegue.
- Deje reposar doce horas en un lugar fresco antes de servirlo.

Pastel de atún

6 personas 45 minutos

Ingredientes

2 huevos.
1 lata de atún en aceite.
1 pizca de pimienta.
1 pizca de sal.
½ taza de harina.
½ cucharada de polvo para hornear.
½ taza de papitas, cocidas y picadas.
½ taza de zanahorias, cocidas y picadas.
½ taza de chícharos, cocidos.
¼ taza de cebolla, picada finamente.

Preparación

- Desmenuce el atún y mezcle con las yemas de los huevos. Añada las papas, zanahorias, chícharos, cebolla, pimienta y sal, revolviendo muy bien.
- Cierna la harina con el polvo para hornear y vierta sobre el atún hasta que quede una mezcla homogénea, sin grumos.

- Aparte, bata las claras a punto de turrón y agregue a la pasta incorporando suavemente.
- Engrase y enharine una sartén honda de teflón con tapadera, vierta la mezcla y ponga en la estufa a fuego lento durante 30 minutos o hasta que al introducir un cuchillo, éste salga limpio.
- Acompañe con ensalada verde.

Parrillada de atún

5 personas — 30 minutos

Ingredientes

150 g de champiñones.
10 papitas cambray.
5 filetes de atún.
5 calabacitas tiernas.
5 nopalitos cambray.
3 dientes de ajo.
2 pimientos morrones amarillos.
1 manojo de cebollitas cambray.
1 manojo de perejil.
1 pizca de orégano, molido.
1 cucharada de sal de grano.
½ taza de aceite de oliva.

Preparación

- En un mortero o molcajete triture el ajo, el perejil, la sal de grano, el orégano y una cucharada de aceite de oliva.
- Vierta en una salsera y mezcle con el resto del aceite.
- Barnice los filetes de atún con un poco de este aceite. Ase en una parrilla al carbón.
- Corte las papitas en cruz y las calabazas en abanico, retire la primera capa de las cebollitas y barnice ligeramente con aceite.
- Con un cuchillo haga una raya a los nopales; quite el tallo a los champiñones y corte en rajas los pimientos morrones.
- Coloque todas las verduras en el asador, volteando de vez en cuando para que no se quemen.
- Sirva caliente acompañado de una ensalada mixta.

Ensalada de atún con papas

6 personas 30 minutos

Ingredientes

5 cucharadas de mayonesa.
3 huevos cocidos, picados sin deshacer.
2 latas de atún.
2 papas grandes cocidas y picadas.
1 taza de zanahoria rallada.
1 taza de cebolla finamente picada.

½ taza de apio finamente picado.
Sal y pimienta, al gusto.
Hojas de lechuga, al gusto.

Preparación

- Mezcle todos los ingredientes hasta incorporar muy bien. Sirva sobre hojas de lechuga.

Tortitas de atún

6 personas 45 minutos

Ingredientes

2 tazas de lechuga, picada.
1 huevo.
1 cucharada de harina.
1 lata de atún en agua.
1 taza de pan molido.
½ kg de papas cocidas y peladas.
Limón, al gusto.
Sal, al gusto.

Preparación

- Forme un puré con las papas y añada el huevo, el atún, la cucharada de harina y sal, al gusto.
- Mezcle muy bien y forme tortitas. Páselas sobre un poco de harina y después sobre pan molido hasta que queden bien cubiertas.
- Fría a fuego lento hasta que doren.
- Sirva calientes acompañadas de lechuga aderezada con limón.

Atún marinado en salsa de soya

4 personas 1 hora

Ingredientes

4 rebanadas de atún.
4 cucharadas de salsa de soya.
2 dientes de ajo, picados.
2 cucharadas de jerez seco.
2 cucharadas de vinagre blanco.
1 trozo de jengibre, fresco.
1 cucharada de fécula de maíz disuelta en una cucharadas de agua.
½ taza de hojas de cilantro.
Sal y pimienta, al gusto.

Preparación

- Mezcle la salsa de soya, el vinagre, el jerez, ajo, sal y jengibre y ponga a marinar los filetes en esta salsa por lo menos media hora, en el refrigerador.
- Escurra el pescado y reserve.
- Vierta la salsa anterior en una cacerola chica y caliente a fuego regular hasta que hierva. Añada la fécula disuelta en agua y mueva con una pala hasta que espese. Reserve.
- Aparte, ase las rebanadas de atún sobre una plancha o comal untado con aceite, de tres a cinco minutos por cada lado, bañándolas generosamente con la salsa.
- Sirva con el resto de la salsa y adorne con las hojas de cilantro. Acompañe con brócoli al vapor.

Albóndigas de bacalao al curry

4 personas | 2 horas

Ingredientes

300 g de filete de bacalao fresco.
50 g de mantequilla.
5 ramitas de cilantro.
2 cebollitas.
2 cucharadas de curry.
1 taza de crema.
1 huevo.
1 taza de caldo de pescado.

½ limón.
Sal, al gusto.
Pimienta blanca, al gusto.

Preparación

- Lave muy bien los filetes de bacalao y saquélos, corte en dados, rocíe con el jugo de limón, sal y pimienta.
- Póngalo en la licuadora con la mitad de la crema y con el huevo y muela hasta formar una pasta espesa.
- Coloque en un tazón y reserve.
- Aparte, pique muy bien una cebollita y añada a la pasta del pescado, vuelva a salpimentar y deje reposar media hora en el refrigerador.
- Una vez que se ha enfriado esta pasta, ponga a calentar una olla con agua y, cuando empiece a hervir, tome algunas cucharadas de pasta y forme bolitas que tengan el aspecto de albóndigas. Vierta en el agua hirviendo y deje cocer diez minutos con la olla tapada.
- Mientras tanto, pique finamente la otra cebolla y fría en la mantequilla hasta que quede transparente, espolvoree el curry encima y dore un poco moviendo constantemente.
- Añada finalmente el caldo de pescado y deje hervir a fuego muy lento diez minutos; agregue el resto de la crema hasta que se incorpore.
- Apague el fuego e incorpore el cilantro picado menudito.
- Bañe las albóndigas con esta salsa y sirva caliente acompañado con rebanaditas de pepino y tallos de apio tiernos.

Bacalao al pil-pil

6 personas 35 minutos

Ingredientes

400 g de bacalao.
4 dientes de ajo.
2 chiles pasilla.
½ taza de aceite de oliva.

Preparación

- Poner a remojar el bacalao desde un día antes y cambiar el agua mínimo tres veces.
- Al día siguiente, cortar en trozos y reservar.
- Aparte, pique los ajos muy finito y el chile pasilla en trocitos.
- Fría en el aceite de oliva y cuando estén dorados coloque los trozos de bacalao en la cazuela.
- Se fríen cinco minutos por cada lado, volteando con mucho cuidado para no deshacerlos.
- Agregue dos o tres cucharaditas de agua para que se forme una salsa espesa.
- Sirva caliente acompañado de ensalada mixta.

Bacalao en salsa roja

6 personas 45 minutos

Ingredientes

400 g de bacalao.
2 dientes de ajo.
1 cucharada de pimentón rojo.
1 ramita de perejil.
½ taza de harina.
¼ de taza de aceite de oliva.
¼ de taza de vinagre de manzana.

Preparación

- Desde el día anterior remoje el bacalao, enjuagando mínimo tres veces. Corte en trozos medianos.
- Enharine el pescado y fría en suficiente aceite de oliva. Coloque sobre un platón extendido.
- Añada un poco más de aceite a la sartén y fría los dientes de ajo y el perejil finamente picados a fuego lento. Antes de que doren, agregue una cucharada de pimentón rojo y el vinagre de manzana.
- Deje que hierva esta salsa durante cinco minutos a fuego lento y bañe con ella los trozos de bacalao.
- Adorne con hojas de lechuga y rebanadas de naranja.

Croquetas de bacalao

6 personas 2 horas

Ingredientes

200 g de bacalao.
3 cucharadas de harina.
2 papas grandes, cocidas.
2 huevos cocidos.
2 cucharadas de ajonjolí.
1 huevo.
1 taza de pan molido.
1 taza de aceite de oliva.
1 pizca de sal.
¼ de taza de perejil, picado finamente.

Preparación

- Remoje muy bien el bacalao desde el día anterior, cambiando el agua por lo menos tres veces.
- Al día siguiente, hierva durante diez minutos, escurra, desmenuce muy bien y fría con un poco de aceite de oliva. Haga un puré con las papas y mezcle con el bacalao.
- Añada el perejil picado y los dos huevos cocidos muy picaditos.
- Deje reposar esta pasta hasta que esté bien fría.

- Enseguida proceda a formar bolitas o croquetas de regular tamaño; revuélquelas en harina y páselas por el huevo restante previamente batido.
- Tómelas con cuidado y revuelque nuevamente en el pan molido mezclado con el ajonjolí tostado y la sal.
- Fría en suficiente aceite bien caliente hasta que doren y escurra en papel absorbente.
- Sirva con ensalada mixta y con arroz al vapor.

Ensalada de bacalao

4 personas 30 minutos

Ingredientes

400 g de bacalao, ahumado y cocido al vapor.
4 naranjas grandes.
4 mandarinas.
3 cucharadas de agua de azahar.
2 cebollas moradas.
1 toronja rosa.
1 toronja amarilla.
1 cucharada de azúcar mascabado.
1 pizca de pimienta blanca.
1 pizca de sal.
¼ de taza de aceite de oliva.

Preparación

- Pelar superficialmente una de las naranjas y cortar la piel en tiritas tipo juliana; hervir diez minutos y enjuagar con agua fría.
- Repita esta operación cuatro veces y en el último hervor añada el agua de azahar y el azúcar.
- Retire del fuego y deje enfriar.
- Aparte, pele las mandarinas, las toronjas y las naranjas restantes despojando los gajos de la piel que los contiene, pero sin deshacer.
- Coloque en un platón los gajos y encima el bacalao, después la cebolla en rodajas y el jarabe de naranja y azahar.
- Riegue aceite de oliva encima con un poco de pimienta y sal.

Índice

Serie Recetas de cocina

Colección Librería. Libros de todo para todos

CEVICHES, SOPAS Y PESCADOS
Ana María Sánchez

COCINA FÁCIL Y ECONÓMICA
Martha Peláez

COCINA MEXICANA
Enriqueta Morales

COCINA MEXICANA Y RECETARIO PARA MICROONDAS
Patricia Terraza

COCINA VEGETARIANA
Josefina Urquizo

DULCES Y POSTRES MEXICANOS
Cristina Reyna

MANUAL DEL BARMAN
Luis Macías M.

NUEVO RECETARIO DE COCTELES
José Sánchez

POSTRES QUE TE HARÁN FELIZ
Esperanza Sánchez

RECETARIO PARA MICROONDAS
Georgina de la Colina

RECETARIO PARA TUS FIESTAS
Georgina de la Colina

TU RECETARIO SELECTO
Rosario Romero

TU RECETARIO VEGETARIANO
Josefina Salinas

EDITORES, IMPRESORES FERNÁNDEZ
S.A. DE C.V. RETORNO 7-D SUR 20 # 23
COL. AGRÍCOLA ORIENTAL